Atráeme contigo

Odalys Interián / Germán Rizo

 Espiral Publishing

Instituto de Cultura Oregoniana

Odalys Interián / Germán Rizo
© 2017. Atráeme contigo
Espiral publishing

Imagen de portada: *La danza de la vida* de Victor Hugo Garza.
Edición: Odalys Interián / Germán Rizo

ISBN-10: 0-9981706-5-8
ISBN-13: 978-0-9981706-5-7

booksespiral@gmail.com
grizzo28@yahoo.com
nayretruben1968@gmail.com

Todos los derechos reservados. Esta publicación no puede ser reproducida, completa o parcialmente, ni registrada en/o transmitida por un sistema de recuperación de información, en ninguna forma ni por ningún medio sea mecánico, magnético, por fotocopia o cualquier otro sin el permiso previo de la editorial.

Estados Unidos, Mayo 2017.

Atraéme Contigo

Cantar de los cantares 1:4

Dedicatoria

Agradecimiento especial a Víctor Hugo por la pintura para la portada de Atráeme contigo, a Juan cervantes por toda su colaboración en la preparación y encuadernación del libro; a Alberto Montero y Charles De La O Tapia, por sus palabras. A todos los que nos inspiraron de un modo u otro a escribir estos poemas que forman parte de nuestra vida, de nuestro amor.

A Verónica de la Paz Rivera

A Germán Jr. y Néstor Eduardo Sánchez de la Paz

A Rubén Fonseca, a Rubensito, Enmanuel y Dariel Fonseca, a mi nieto hermoso Darían.

Prólogo

En el principio fue el amor. El amor como la fuerza creadora de todo lo que existe, la gran metáfora de todo, el mismo y viejo génesis repitiéndose. Después fue la poesía. Amor y poesía completándose, juntándose, trayendo la palabra a esa totalidad.
El amor que revela y nombra nos conducirá a lo eterno en su vivo ritual, es la sustancia viva para dar nuevas formas y hacer que las cosas signifiquen, crea y recrea su propio lenguaje donde podemos reconocernos o descubrir al otro. Poesía como instrumento para narrar la vida, es el reino necesario que irá acomodándonos en ese equilibrio de luces y promesas, es lo completo donde está la esencia de la vida y de la eternidad.
La humanidad entera sigue gimiendo y estando en dolor justamente hasta ahora... Su propia carne mientras esté en ellos seguirá doliendo —sentencia Job—. Necesitamos consuelo, todo es distancia, una distancia irremediable. Las palabras sirven de alimento, son el maná necesario para poder resistir en tanto desierto y abandono. Hay necesidad de lo bello, de fortalecer el espíritu con cosas extraordinarias que nos concilien y liberen; pero no podemos resistir sin esperanza. La esperanza es lo que nos ayuda aguantar y la poesía nos da esa expectativa. Poesía como esperanza: la que no se conforma ni acepta las penurias y monstruosidades de la existencia.

Poesía que incita a la esperanza, eso es *Atráeme contigo*, lo que une el amor a la poesía. Nada es complicado ni contradictorio en este libro; el amor es rutina y es lo imprescindible, no hay otra manera de ver el mundo. Donde fidelidad es sinónimo de dignidad, porque si la poesía es lo que dignifica al hombre, el amor es su mayor esencia y le confiere ese sentido único y poderoso que jamás divide. *Atráeme contigo* es un homenaje a ese canto superlativo que es *Cantar de los cantares*. Un discurso que enaltece la interioridad del ser y festeja el amor *que todo lo cree y todo lo soporta*.

Dos voces cantan al unísono, una mancuerna para declarar el sentimiento desde lo impar, desde la individualidad. Dos miradas idílicas en un mismo y único paisaje, dos que van complementándose en un mismo discurso.

En *Atráeme*, el amor carnal tiene una significación sagrada. Dios nos hizo hombres, y el acto amoroso no es solo para concebir como en los animales. Somos seres creados para el amor. El amor es lo que reconcilia todas las cosas con Dios y entre sí, en él están todos los secretos y todas las esencias verdaderas, jamás será un tema agotado.

Nada que se diga de él será definitivo. Lo liberado de la muerte es el amor, lo liberado de todos los yugos. Como una espiral siempre renovándose fluyendo en su eternidad. Rememoración, síntesis, multiplicidad, todas las sumas regresando a ese punto de la espiral, ensanchándola. Lo metonímico abierto en el acontecer, un diálogo que se integra y subsiste más allá del tiempo.

Pero si contemplación y contentamiento son frutos de la poesía, sensualidad y deleite se refunden en un único sentido para encontrar en su absoluto la consagración máxima del amor. Este libro busca la exaltación majestuosa que hay en ese poderío. La relación del hombre y la mujer facilita la reflexión entre el tú y el yo. El lenguaje que se transforma por las necesidades de comunicación configura la sensibilidad, la palabra hace un cuerpo y ese cuerpo es imagen. La función ficticia del poeta con el lenguaje asemeja la relación del amante con el ser amado, cuyo cuerpo es presencia y manifestación de la emoción y la esencia del hombre. Palabrea el mundo desde la sacralización de lo físico y la experiencia espiritual. Erotismo aquí no tiene la connotación que suele dársele en una sociedad como la nuestra, que asocia erotismo a lo pornográfico, y que es a su vez inseparable de lo promiscuo y lucrativo. Erotismo y poesía tienen una familiaridad, tienen lazos de sangre. Entre el sentir y el pensar está la palabra, y entre la complementación y la armonización íntima, el amor. Amor que vive en el encantamiento y el alcance de todo lo que es y lo que procura la palabra con su placer estético. La palabra que cuestiona y da un sentido único desde su percepción. La alquimia de la palabra que puede transformar todo en un paisaje alucinado y sublime. Desde la palabra y su profunda palpitación, en ese ciclo que es iluminación y revela toda la plenitud.

El amor según *Octavio Paz* es una misteriosa inclinación personal hacia una sola persona. Eso era para Paz: *"un perpetuo descubrimiento, una inmersión en las aguas de la realidad y una recreación constante"*.

En este discurso amor y sensualidad se conectan para lograr esa unidad que puede llegar más allá de lo inaudito. En *Atráeme*, la voz del amor expresada a través de la ternura, del deseo y la entrega. Un cuerpo, un único cuerpo y todas las visiones del mundo. El uno y el otro en reciproca devoción. Entre la fascinación por el ser amado y el deslumbramiento, en esa revelación del lenguaje donde lo conmensurable del acto amoroso se vuelve inconmensurable a partir de la palabra. Unido a lo cotidiano como si fuera imprescindible y un absoluto; pero al mismo tiempo integrador y desemejante, en ocasiones una presencia etérea fluyendo en el desamparo del verso. Aquí el amor encuentra un canal abierto, una vena para sumar esa corriente arrasadora que es a la propia realidad.

Amar es hilvanar las formas del silencio —nos dice el poeta—, y son los mismos temas: la separación, las distancias, la añoranza que se vuelve grito. *"Ven, te invito a que vengas"*. La presencia del otro y ese solo acto para salvarnos del caos que es la soledad, la terrible ausencia, los encuentros y los desencuentros humanos. El poeta juega con las realidades, lo externo se manifiesta a partir de la experiencia interior. —*Ven deseada*—, con imágenes ardorosas, con palabras vehemente estrena un lenguaje saludable. Virilidad y ternura forman a un tiempo un lenguaje superior, unidas a ese sentimiento puro que sustenta la vida. Poesía que es contemplación, exalta ese acto poderoso y sublime que dignifica al hombre. Poesía para aprender la vida; pero sin dejar de construir otras realidades, o la realidad anhelada. Poesía que descubre con ingenuidad esa simpatía poderosa que hay en las palabras; pero sabe también que es en los silencios donde el lenguaje recobra al mismo tiempo su intensidad. Es ahí, en lo inexplicable donde ella hace ostentación, la imagen palpable puede ser ilimitada, vive por sí sola aunque aluda a una totalidad, en ella encontramos además de la dispersión y lo inalcanzable, lo finito y lo terrenal.

Ser poeta no es decirse a sí mismo —diría Celaya— *Es asumir la pena de todo lo existente, es hablar por los otros, es cargar con el peso mortal de lo no dicho, contar años por siglos, ser cualquiera o ser nadie, ser la voz ambulante que recorre los limbos procurando poblarlos.* Poblar todos los limbos de la existencia desde el amor es tentativa de este libro. Poesía confesional que va hacia una expresividad autónoma, que mueve y ordena el sentimiento, que logra desde la particularidad hablar por todos. Una cimentación erigida con emociones, pensamiento y sensibilidades. Redundancia, imágenes sublimadas, un mismo ritmo y la visión deslumbradora de los que saben trazar una línea divisoria entre su yo y el mundo. Donde la soledad es también una forma de rebeldía, y sirve para atemperar el corazón, para embridarlo y protegerlo de las ciegas pasiones.

En *Atráeme* esa mirada distinta y única que ofrece la poesía sobre todas las cosas. Ella escribe el apego, la belleza, lo invisible y hasta lo imposible. Donde podemos reflejarnos y reflejar al otro. Poesía que celebra, que haya virtud en todo, que busca armonizar lo amable con un discurso lleno de energías necesarias para convertir algo tan sencillo en algo universal. Un libro que acopia el júbilo, la alegría que es amar aunque cante la tristeza de la separación. Y estará configurando esa continuidad el amor, amor que en la distancia no mengua, que recobra esa fuerza para empuñar el canto: *amar es lamer el fuego y las heridas y es beber el símbolo oscuro de la luz en los silencios.* Poesía que es ruego, reclamo, que invita:

"Ven", "atráeme", "quédate", "si te quedaras", que precisa del otro para poder vivir, del ser amado para alcanzar un estado de la felicidad. *Sálvame... sangra en el espejo el color de la noche y el hambre de la muerte.* Poesía que anuncia, que da, que reparte, que no duda, y si interroga es solo para decir: ¿cuándo?

En *Atráeme* el amor es lo esencial ligado a la vida y a la poesía. Poesía que es alabanza, donde todo lo que vive ama y celebra. *Amor es ese largo relámpago sobre los girasoles derramándose... Ese temblor de lluvia y pájaro infinito... Lo que designa el arcoíris, trigo maduro que busca la estación del desborde... Lo que va espigando en la sangre el trueno y la promesa... Lo bendito, en esa cifra múltiple de eternidades.*

La poesía sabe de nosotros, conoce nuestro destino final, busca alegrarnos y reconciliarnos; es diálogo y retorno, lo que nos ayudará a completar y vencer nuestra batalla contra el tiempo. Juntemos amor y poesía son lo perfecto, esa conjunción sagrada nos salvará.

El amor nos ha sido dado y la poesía, nuestra misión es amar, amar y amar..., *ese es todo nuestro destino de hombres sobre la tierra.* Amor que es verbo y se encarna el mismo para la salvación, que sobrepasa a la muerte; porque también la muerte un día terminará, pero el amor nunca dejara de ser.

Odalys Interián

NOTAS AL TEXTO

Atráeme Contigo es una obra que abriga con hermosas pausas, llevando al lector poco a poco hacia el enamoramiento, abrazándolo, adentrándolo despacio y guiándolo hacia un recinto donde sin darse cuenta queda totalmente embriagado. Es como una fogata en medio de una noche fría a la que uno va aproximando las manos y va sintiendo ese calor que anima al ser a acercarse un poco más, para quedar allí extasiado contemplando esa llama y necesitando el calor.

Una poesía que ve al amor como esa fuerza creadora; que va desde lo más sencillo hasta llegar a las impresiones más elevadas. Toma el sentimiento como pilar, como el mástil más alto de un barco que navega entre mares, unas veces serenos y otras veces muy agitados.

En algunos momentos de *Atráeme Contigo* los poetas se abandonan y se internan en una selva profunda quedando a la suerte de las emociones: /*"viste a la noche con mi cuerpo / y déjame mendiga"*.

Con esta lectura llega ese momento donde uno confía y se deja influir para ir internándonos en un mar inmenso de pasiones sublimes. Nos regala una extensa gama de matices, aromas delicados, esencia de gardenias sobre carmesíes intensos, dulces sabores fragmentados inmersos como el néctar añejo de un coñac muy fino, ese sabor de la lectura invita, mientras aumenta el deseo de degustar otra copa: /*"tus muslos /los designios en ti /un aleteo de soles /que astillan mis hogueras"*.

Hay pasajes que en ocasiones son una delicada brisa que acaricia los cabellos haciendo murmurar los pinos del valle, y que de pronto se transforma en ráfagas repentinas que agitan la calma hasta volverse una tormenta: /*"basta el desorden de la sangre/ para deslizarme en tu goce"*.

En Atráeme Contigo complicidades, apegos, distancias, frenesís, necesidades:

/*"tiéntame con tu sol / con esa claridad que me organiza"* /
"corcel domado, / vuelvo a tus madrugadas / a esa victoria siempre / de tu mano sobre mí /a ese regocijo donde me ofrendo"

Nos lleva por senderos estrechos hasta valles inmensos donde se recrea el espíritu. Y es que hablar de Amor no es sencillo; pero cada poema se encarga de hacernos experimentar algo nuevo, y va transportándonos y vamos llevados ensimismados por esos senderos del transitar amoroso. *Atráeme Contigo* es una oda al sentimiento más sublime, ese que transforma, que eleva y que hace recobrar el sentido de la vida.

Carlos Alberto De La O Tapia

La conjunción de dos voces, un conjuro de luz, un ir y venir de palabras sensuales es lo que define Atráeme contigo. Las voces de ambos autores se complementan y asumen en ese universo único que es la poesía. Poesía limpia, sin dobleces, matizada por un erotismo rítmico que por momentos nos deja jadeantes. Atráeme contigo es un duelo de rimas atemperado, una sinuosa representación del yin y el yang, una comunión de la carne con el espíritu que nos lleva de la mano a lugares donde alguna vez estuvimos, a momentos donde no supimos o no quisimos ver la poesía.

Alberto Montero

Una vez, Borges hacía referencia al libro como *una cosa entre las cosas,* mientras no se abre, el libro es un objeto, *ocurre el hecho estético* hasta que el lector despierta sus símbolos: despierta la poesía él decía. *Atráeme contigo* es un libro que no solo despierta ante nuestros ojos al leerlo, sino que despierta el alma y el cuerpo. Al internarse en estos versos, uno siente inmediatamente que todo lo que nos rodea nos palpa: el árbol, la noche, la luz del sol, las aves, los sentimientos, las emociones, el pasado, etcétera. En *Atráeme contigo* es frecuente sentir que el verso unifica la vida, nos atrae mas cerca de las cosas que nos circundan; incluso del cuerpo mismo que posee el espíritu (es común en este tiempo estar lejos de uno mismo), nos acerca a la poesía del cuerpo que convive con el universo: *Es mi garganta /un racimo de lluvias [...], Hazme de sol /para que olvide los sonidos de la luz [...], Soy el círculo /donde llega tu luz /y libas ese pájaro /de luces frías en mi boca[...], Qué hermoso navío /cuando se desploma /en mis venas [...].*
Atráeme contigo es un libro que contagia de poesía, uno lee un poema, otro, y otro, nos induce a una relectura, para llenarse de poesía otra vez.

Juan Cervantes Morales

ÍNDICE

- 31 — Ven al milagro de la noche
- 32 — Voy a tu noche
- 33 — Ven a poblarme de espejos/ En que aire
- 34 — Llego a tu cuerpo
- 35 — Me pierdo en tu rostro
- 36 — Irán tus manos entre las luces
- 37 — Tú
- 38 — Iré despacio a ese encuentro
- 39 — Adolezco en tu desnudez
- 40 — No hay palabras
- 41 — Desnuda la sed
- 42 — Comienza en mi boca
- 43 — Recuesta tu demencia
- 44 — Átame a tus voces / Naces en el desorden
- 45 — Átate a mi piel
- 46 — Sorbiéndome
- 47 — Desnúdate
- 48 — Mi cuerpo un almenaje
- 49 — Conozco ese rostro
- 50 — El tiempo es tuyo
- 51 — Toda tú
- 52 — Contigo en lo silente
- 53 — Que arda el papel
- 54 — Devora también tú
- 55 — Fúndeme al racimo
- 56 — Tantea aquí
- 57 — La noche se llena de espejos
- 58 — El sonido del frío
- 59 — Enrédame en tu amor

60 — Esa serenidad
61 — Tómame
62 — Tu sed abre un canal
63 — Escribo otra sílaba
64 — Me adorna el tiempo
65 — Muéstrame
66 — Espiga de ti
67 — Llena el vacío
68 — Está la noche en tus ojos
69 — Ella todo desorden
70 — Sonoro como esa lluvia
71 — Lo rojizo de la soledad
72 — Que belleza te nace
73 — Hoy anidan soles
74 — Porque se llena mi palabra
75 — Llevo tu rostro
76 — Amarte es amar los pájaros
77 — Amarte es hilvanar
78 — Arden los cerezos
79 — En ese brote de gaviotas
80 — Estás llevándome
81 — Te descubro
82 — Desarrópame
83 — Miedo de sentir el nudo
84 — Me asomo a esa luz
85 — Soy verso
86 — Hazme de sol
87 — Cantó mi sangre
88 — En esa altura
89 — Edifiquemos
90 — La que añade lo animal
91 — Lléname de luz

92 —	Voy armándote tibio
93 —	Enciende la antorcha
94 —	Ese mar que se queda
95 —	Encadenado escribo
96 —	Soy el círculo
97 —	Un gesto de tus manos
98 —	Hay tantas luciérnagas
99 —	Hay tantas sombras
100 —	Tú en mi música
101 —	Ahora la luna desértica / Aquel remolino
105 —	Si te quedaras sobre esta duna
106 —	Y yo que amé
107 —	Busco como un pájaro
108 —	Abre tus venas
109 —	Buscándote
110 —	Buscándote
111 —	Esa manera de verter la luz / Llega la noche
112 —	Quiero encontrarte
113 —	En lo dócil de la soledad
114 —	Estás en lo amargo
115 —	Mi corazón
116 —	Sométeme
117 —	Afuera lo fugaz y doliente
118 —	Las tórtolas cayendo
119 —	En tu hoguera
120 —	Gaviota
121 —	Mi rostro es un espejo
122 —	Lo que siembro en ti
123 —	Me arrojo la pánico amoroso
124 —	Llena de ternura cada trazo
125 —	Vuelve a reencarnar
126 —	Pantera

127 — Resonancias
128 — Respírame amor
129 — Cúbreme hasta que los signos
130 — Me callaré lo bueno
131 — Tócame
132 — Desteje esta sombra
133 — Resiste
134 — Lo que amas de mí
135 — Desorden
136 — Silente como el acero del sol
137 — Me sostiene el aire
138 — Desflorándose la luz
139 — En el filo de tus ojos
140 — Y si no vuelvo
141 — El silencio / Estas doliéndome
142 — La noche habla
143 — Corta la sílaba en su candor
144 — Te ocultas en la noche
145 — La noche y tú
146 — Hay misterios en tus ojos
147 — Ahora es el miedo / Estoy en el espejo
148 — Crezco en la serenidad
149 — Me basta ese limbo
150 — Me hare un milagro
151 — Anularé el silencio
152 — Hay un rostro cayendo
153 — Sé lluvia en mi noche
154 — Brota en ti la primavera / Otra tormenta me cubre
155 — Sobre las doce cruces
156 — Quédate
157 — Te dejo mis palabras

158 —	Teje lo divino del silencio/Me regreso no soy la ausencia
159 —	Eras lo frágil
160 —	En el cadáver de la noche
161 —	Estoy del otro lado de la sombra
162 —	Tanta ceniza
163 —	Amo la profundidad
164 —	Bebo de tu ira / El silencio es nuestro
165 —	De mi tarde / De tu boca
166 —	Nada soy en ti
167 —	Otra noche
168 —	Hija de tus ruegos
169 —	Vuelvo a empuñar
170 —	Sigue la oscuridad
171 —	En lo húmedo de las palabras
172 —	Llevándome
173 —	Tu voz desenterrándome
174 —	Largamente el amor / Apégate a las llamas
175 —	El amor era el signo / Recorro
176 —	Amas mi sol y mi llovizna
177 —	Estoy en ti
178 —	Tú lees el infinito

Te invito a que vengas

*Te invito, mis días están sin centinela y esta distancia
vacía es un banquete para el sueño, una fiesta de la
nostalgia por sus fructíferos árboles.
Te invito a que vengas, el mástil de las tristezas es alto.*
—Adonis

*Afuera, sol como no he visto
Sobre el mármol blanco de la escalinata.
Fijos en la verja siguieron mis ojos,
Fijos. Te esperaba.*
—Alfonsina Storni

Ven al milagro de la noche
renuncia al caos tentador
y que las legiones
devoren el ímpetu
atrapado en tus sombras
Deja que el silencio
riegue trozos de sacrificios
en la plaza

Ven adelgaza estos abrojos
trenza la luna
de perlas robustas

Soberana
resucita hirviente el júbilo
en ese lienzo atormentado
de tu pelo
y retorna codiciable
al bramido de mi sangre

Germán Rizo

Atráeme contigo

> *En la otra orilla de la noche el amor es posible*
> *—llévame—.*
> —Alejandra Pizarnit

Voy a tu noche
hay un reflejo de ti
en cada encrucijada
Un llamado
y voy creciéndome
Soy ímpetu
sol rodando en su llovizna
en su volcán y lava

Voy a tu cuerpo
un roce
un convite de vinos añejados
fruto virgen
en esa lucidez de los latidos

Y voy bendita
espigando en tu sangre
el trueno y la promesa

Odalys Interián

Ven a poblarme de espejos
mi corazón es una orquesta
de sombras
La fuerza de mis venas
penetra tu sangre
Giran las antorchas
y soy fuego sometido
ritmo yaciendo
en el destello rebelde
de tu boca

Germán Rizo

En qué aire
en qué silencio te escondo
Si creces como el dios de las palabras
en su espigado tambor
Si todas las palomas se alzan en ti
para encender la tarde
Si eres anuncio
Si tu voz mueve las lluvias
ese nuevo color
que empuja las nostalgias

Odalys Interián

Llego a tu cuerpo
verano
a tus luces benditas
llego y deshojo
ese nudo de noches
en su frío fatal
Llego a tu boca
en el silencio del beso
anulando las aves
en su eterna jauría melancólica
Y llego madera y nardo
al incendio
a ese cruce y desorden
del sol en las semillas

Llego a tus manos
paloma en tus reflejos
domada
en el temblor de la neblina
ese néctar codiciable de palabras

Y me deshojo
en ese infinito de tu vena
donde se alivia el amor
donde respiro y deshojo
el corazón
en su polen maduro
de víspera reciente

Odalys Interián

> *Viniste, la soledad fue vencida,*
> *tuve una guía sobre la tierra y supe*
> *dirigirme, me sabía sin medida,*
> *adelantaba ganaba tierra y espacio .*
> —*Paul Eluard*

Me pierdo en tu rostro
buscando la sed
que redobla mi cruz
Ardo en la tentación del sol
azotado por la cólera
grito
nombrando los cirios
lo tormentoso del sepulcro
Tu rostro celda de espejos
signos de sílabas tejiendo cifras
que flagelan este adorno
del símbolo en mi ruta

Flotan los cristales
collar de jaspes mutilando mi voz
En viaje hacia las hojas
busco en la sombra desnuda
de tu cuerpo
lo misterioso del silencio

Germán Rizo

Irán tus manos entre las luces
encendiendo el sol
y la ternura
Todo el aire en su volcán
y llama
en esa desnudez del eco
y la llovizna
Pacíficas irán
rondando hacia la sed
y los silencios

Irá tu boca entre las fábulas
mordiendo lento la oscuridad
las vivas semillas de mi cuerpo
Irá tu boca callándome
en su alivio
numerosa en su deshoje
de sílaba y tormentas

Odalys Interián

Tú
rompes con tu voz
trozos de cántaros
La de antiguos signos
vistiendo la luna
donde el fulgor de los girasoles
tuercen otro río
Así desnuda como el amor
adornas siglos de naufragio
Leyendas suspendidas en ti
maduran la fertilidad
de los claveles
Abro compuertas en tu vientre
donde arrojo la luz
en su espesura infinita

Germán Rizo

Iré despacio a ese encuentro
vestida de toda ceremonia
acortaré la luz
el tiempo muerto anochecido
en su triste color y desamparo
Haré ronda sobre tu cuerpo
te cercarán mis manos y mi boca
ese salitre dulce del veneno
estrenará su muerte
Me estrenaré señuelo
me nombraras
Iré en mi noche
humedeciendo las luces
bordeando las escalas y los ríos
esa ternura de tus manos
que florecen
Iré despacio a vestirte de amor
con mis ofrendas
con el dátil sereno de mis lluvias

Odalys Interián

Adolezco en tu desnudez
amor en tu oscuro vértigo
donde hechizas la luz
el rayo y las hojas que azotan
la alegría de la lluvia

Leyenda que oculta el eco
tatuado en mi armonía

Amor germinando en mis besos
tu libertad despunta la nostalgia del otoño
barcas que ondean
en lo estéril de la espuma

Amor que salvas este deseo
de todas las máscaras

Amor en su lenguaje solar
en su manía infinita
Luz en la cordura del reloj
linaje audaz en su ceguera
tejiendo otro acorde

Amor hilando otra claridad
esos pedazos de lluvia
en su abandono

Germán Rizo

No hay palabras
solo el ruido vigoroso de la lluvia
y los silencios
Me llueves
y tus manos reteniéndome
y tus besos libándome la fría muerte
Nazco bajo el fuego de tu lengua
en esa esfera insomne de tu rabia
Devorándome la noche
el ciclo armónico de luces y palabras

Naces en mí
en esa serenidad de olas cálidas
en su rompiente espasmo
Despiertas la espuma
en su fraternal gloria
de relámpagos
Otra vez me inundas
ruedan tus manos
y ruedo
cerca de tu boca
que nace mía
en ese candor de libertades

Odalys Interián

Desnuda la sed
pan que hierve
y palpo en los espejos
Penetra este imperio de antorchas
que estallan
en el universo de mi voz
al milagro de las palabras
en su signo venerable

Oye la fiesta de los pájaros
atravesar los latidos
la amarga semilla ardiente del dolor
cantando en el desorden
de las mariposas
Vestidura tardía
armada en la tempestad
Sortilegio de cuerdas
desatando gaviotas en tu pelo

Tu ritmo es la penumbra
fortín de lámparas
péndulo
donde resucitas benévola

Germán Rizo

Atráeme contigo

Comienza en mi boca
en la palabra
en esos ardores que desperezan
el signo
Empieza aquí
haz un círculo que borre la oscuridad
Lame el rencor de las noches
la verdad de nadie
Pon una pausa
planta una luciérnaga callada
que recorra ese infinito de ausencias
Planta un ciprés
y riega con tu boca
ese follaje esplendido que detiene la luz
Deja en la palabra una huella
lo amable que azote
con su péndulo frío de silencio
Comienza aquí
en su naufragio y ruina
en su rutina y vuelo
Tiéntame con tu sol
con esa claridad que me organiza

Odalys Interián

Recuesta tu demencia
en mi corazón
lámpara sosteniendo la fe
Los espejismos cercenan
las cumbres del cielo
perturban la sombra de los árboles
Sujeta estos versos
que arden en el conjuro
de tus ojos
ese ramo de imágenes
desbastadas en el caos
Llanto oprimido y rebelde
brasa oculta
refulge mi tormento
este manojo de injurias
que envejecen
Recuesta ese desconcierto
ondulado en charcas de miel
Sostenme en ese remolino de hogueras
que confunde mi sangre
con el aullido de este invierno

Desfallezco en la tragedia de la muerte

Germán Rizo

Átame a tus voces
a ese aliento de hoguera
estremecida
a esas luces
que abren la eternidad

Viste la noche con mi cuerpo
y déjame mendiga
Cállame
calla el sonido del silencio
y mi respiración

Odalys Interián

Naces en el desorden
de mis palabras
enmudecida
en lo infeliz de la vela
vas goteando el fruto
ese péndulo de imágenes
Vibras en lo glorioso
de mi huerto
llegas con tu eco al verbo
a la exactitud de las azucenas
atormentando mis insomnios

Germán Rizo

Átate a mi piel
ritmo eterno en la sangre
Trozo de luz
devora el fuego
cocido en mis venas

Éxtasis que asedia
el bramido audaz de los cuervos
en el anochecer
Tus muslos
los designios en ti
un aleteo de soles
que astillan mis hogueras

Coral que nace
en la esfinge de mi vientre
Trepa resollando la pendiente
derrama un cúmulo de noches
y piérdete desnuda
en el polvo de mi lengua

Germán Rizo

Sorbiéndome
esas benditas noches
en su junco y delirio
Tú en ese ruedo tierno
trayéndome al deseo
a esa hondura
donde soy otra
desconocida y frágil
Moldeándome tú
en esa ceremonia
desvistiendo el silencio
y la palabra
Abriéndome el aire
y la luz
el gemido en su lluvia
interminable
Sorbiéndome la sed
toda la oscuridad
en su cristal
de soledades muertas

Odalys Interián

Desnúdate
la tarde es una sombra
desconocida
dos muslos extendidos la creación
Entre volcanes fluyen tus caderas
nidos retoñan en el orden de tus senos
en tu desnudez zumban todos los acordes
la tentación estalla su mármol
hoguera que abre a la demencia

Tibia fecundas las semillas del aire
Me arrastra tu piel
desnuda en el silencio
Tú buscas la conspiración
te adentras en mi infancia
Eres la línea sobre el fuego
entreabres un pedazo
de armonía en mi cuerpo

Germán Rizo

Mi cuerpo un almenaje
la noche crece en él
juntándome a tus sílabas
a tus manos
Y vas trayendo más lluvia
un puñado de luces tiernas
Y vas tendiéndome
en todos los silencios
Trayendo tu boca
y la palabra
Cansando el amor
vistiéndome de otoño
con las hojas que ruedan
Tus ojos
soles que fluyen
que siguen fluyendo
hacia el desborde

Odalys Interián

Conozco ese rostro
secreto mar en su delirio
Teje un linaje de geranios
bajo el murmullo de la sed

Conozco ese refugio
que sustenta la furia
ahondada en esa gota
Taladra y no cesa
gozo que desangra
lo demacrado de la noche

Conozco esa tormenta
enmudecida
que designa el arcoíris
Viento rompiendo los espejos
oleaje que seduce
un trozo de mi sol

Germán Rizo

El tiempo es tuyo
regreso pródiga a tu cuerpo
corcel domado
Vuelvo a tus madrugadas
a esa victoria siempre
de tu mano sobre mí
a ese regocijo donde me ofrendo
Dátil en su lluvia
un nuevo sol en su temblor cotidiano
Y amas el silencio de mi boca
la libertad donde me pierdes
Sabes amar mi música
esos volcanes de esperanza
la palabra incierta que pronuncio a solas
Amas mi olvido
esos desmanes infinitos
ese volver desde la ausencia
sosegada
lista para el amor

Odalys Interián

Toda tú
diversa y breve
Basta el desorden de la sangre
para deslizarme en tu goce
y llegar a los elementos
que fulguran en ti

Mi incienso tú
el verbo en la proa
envolviendo nuestra luz
Espejos tejiendo
en círculos mi rostro

Toda tú en ese altar tardío
danzando en la emboscada
su cortejo de tormenta

Germán Rizo

> *Nosotros nada más*
> *y el acto único de prender la llama,*
> *la eterna llama.*
> —Kydia Mateos

Contigo en lo silente
en ese abrazo del ojo
en su sonámbula fe
En ti después de las batallas
Sorteando las huellas
y la sublimidad
En la tarde vistiendo
un tabernáculo en su brote
Qué cielo
en sus últimas cenizas

Odalys Interián

Que arda el papel
y el poema
Que me quemen tus ojos
estoy en el azote
del fuego
entre los signos del dolor
Me angustia la sed
y lo vertiginoso del viento

En mí arde el otoño
las arpas tiemblan
en lo dócil de las hojas

Llamas asaltan
los residuos de la noche
Crecen cenizas
bajo la piel del miedo

En tu rostro
se desploman los soles

Germán Rizo

Devora también tú
un dosier de silencio
Pasta en el néctar
Roza el aire allí
en la claridad
en el plazo quemante
y sin frontera del amor
en una encrucijada
Bébeme ese sabor amargo
en su rutina
Devora esas esferas rotundas
de la noche
la atada luz en su lujuria
Semilla en la semilla
En el candor despuéblame

La oscuridad también es espejismo

Odalys Interián

Fúndeme al racimo
que adorna tu verano
Que tu boca arrastre
el río en su mortaja
Nómbrame en el hervor
de la luz y la ansiedad
Crece ostentosa
y besa el aullido
que desnuda la sombra

Fruto codiciable
recorro tu cauce de brasas
Júbilo de gacela
naciendo en el sollozo
Fúndete a mi escudo
sofoca las llamas del signo
y tiéndete mujer aquí en mi boca

Germán Rizo

Atráeme contigo

Tantea aquí
en esta oscuridad
sigue las alondras
Halla un camino en mi piel
Hállate en lo tibio y solar
domando el frío de la luz
y los otoños
Sostenme en tu llama
vuelve sobre tu huella
Cruza los destellos
esa distracción a donde van las sombras
Incendia lento con tu boca
los racimos
todas las figuras del verano
los soles en mi sangre
Sigue el juego en mi pupila
los brotes sedientos
el largo relámpago sobre los girasoles
derramándose

Odalys Interián

La noche se llena de espejos
muerde lo infeliz de la luz
la sustancia trenzada
en su laberinto
Coróname de arpas
enrédame en tu lienzo
Lirios en esa vastedad estéril
de las huellas
amenazando lo poblado del eco
adorno de tempestad
donde brotan las voces
que galopan la oscuridad
Y vas creciendo en mis venas
y te adentras
lenta
confundiendo mis manos
Tu boca repetida
borra la imagen que ondula
en mi silencio

Germán Rizo

El sonido del frío
muere en mi cuerpo
también la madrugada
Tú trayendo los pájaros
y la sed
los vuelos húmedos del lenguaje
Trayendo a los latidos
la encendida estrella
que acomodo en mi piel

Durazno el sabor
sol y mímica de ti
Vistiéndome
el fruto de tus voces
Todo el verano
libando el amor en esa boca
irrepetible
goteando
su corteza de eternidades

Odalys Interián

Enrédame en tu amor
en tu holocausto de alaridos
Eres vértigo
la tarde y el sol florecen
en la osadía de tu pelo
donde la tristeza forma laberintos
y las palabras son semillas
colmando el polvo del verano
Te adivino en mi boca
en el lenguaje
perpetua de zafiros
en lo vigoroso de las hebras
y la vigilia

Germán Rizo

Esa serenidad
que me une al sol
Ese silencio tuyo
a donde voy libélula
en la frescura de tu mano
ondeando
Manos que abren
las lluvias y mi sed
Serenidad pródiga que invita
y vuelvo al roce de esa voz
abierta y única que me nombra
Esa serenidad con que amas
esos volcanes tuyos
llenos de amaneceres
Gaviota yo
ensimismada en tus soledades
Esa serenidad del amor
ese dátil dulce y virgen del fuego
meciéndose en ti
meciéndome

Odalys Interián

Tómame
ahora que he olvidado
mis miedos
Estoy mudo
oculto en el giro de la luna
Entre latidos
los años de la llovizna
tejen su cascada
y los pájaros esconden mi condena
Roza el cerco
sofoca los nervios del silencio
Mece mi dolor y el pánico
la sombra vencida en los espejos

Germán Rizo

Atráeme contigo

Tu sed abre un canal
un limbo perfecto
por donde ascender
desnuda de palabras
Llama de ti
la noche en su deshoje
Cuerpo que llueve en el deseo
un frondoso ciprés
Lluvia de ti
los frutos
las manos
cercándome
tu boca

Odalys Interián

Mis manos inventan otro cuerpo a tu cuerpo.
—Octavio Paz

Escribo otra sílaba
el dolor en su enjambre
ensordece lo domado
de la soledad

Me sujeto a ese navío
de ruegos
al triángulo que sustenta
ese enjambre de pájaros
Toco lo irreverente
La noche en su avaricia
enciende otra vela
Lámpara
espinas en el polvo
consumen el hervor estremecido
Cerco esa hoguera de fábulas
que abre la eternidad

Germán Rizo

Atráeme contigo

Me adorna el tiempo
que circula limpio
en tu voz
Esa marea tremenda
de la noche en su espuma
Y me adorna tu amor
esa manera de doblegar
mi espiga
en su creciente ceremonia

Tuya en la niñez sorprendida
de tu mano
En la ternura que abre
el vuelo
ese espasmo y desorden
de la luz en las palabras

Odalys Interián

Muéstrame
el lado de tu boca
tórrida flor
Espera
dame el polvo de tu voz

Hazme una puerta
codiciable en tu lecho

Abre la senda de tu garganta
arroja en ella los ejércitos
Abre esa palmera ostentosa
de tu pecho
los racimos de gloria
retoñando

Gocemos del canto que flota en la sangre

Germán Rizo

Espiga de ti
de tu espera
de tus bocas
en medio del fuego
y las palabras
en medio de los trazos
Palpable
aire de ti
hilada en el derrame
Dócil en lo próximo
y en el deseo
Dátil
semilla
luz de ti
de tus brazos
en el néctar lamida
cercada por el eco
y el temblor
por el zumbido de tu cuerpo
bosquejándome

Odalys Interián

Llena el vacío
la eternidad arde
en tu lienzo
Entibia la angustia que asedia
lo evidente del amor
Dardo desollando
amapolas

Lléname de ofrendas el corazón

En mi proa disuelvo la noche
mientras el espejo
deshoja tu desnudez

La pared está llena de miradas
de pájaros en soledad

Germán Rizo

Está la noche en tus ojos
un temblor de pájaro
y lluvia infinita
Y está el polen espléndido
en su maroma y música
Y toco esa armonía del aire
desbordado
en lo cierto y tibio del deseo

En tu boca el sol
un néctar de relámpagos
domados
Y soy lo frágil
quebrándome en tu luz

Odalys Interián

Mirar tu cuerpo sin más luz que la tuya,
que esa cercana música que concierta a las aves,
a las aguas, al bosque, a ese ligado latido
de este mundo absoluto que siento ahora en los labios.
— Vicente Alexandre

Ella toda desorden
Polvo de tormenta
era la negación
cavando en su lamento
Se extendía en mis venas
Rastro fugaz
envenenaba el nuevo sol
Nudos hurgando
un lienzo de torturas
donde sostenía
el aroma de las palabras

Germán Rizo

Sonoro como esa lluvia
repetido en el néctar
en lo desbordante y primitivo
ondeando
ese trigo febril y luminoso de sol
Tú el que sostiene mis vértigos
Volátil en lo domado
y transparente del silencio
en lo ardiente del paisaje
y la llovizna
Ataviado en mí
pródigo
robándome la oscuridad
las nevadas profundas del corazón
lo árido de esta muerte

Odalys Interián

Lo rojizo de la soledad
en su azote
surca lo nupcial del ardor
la cifra que asalta
en la lluvia
el ruido perpetuo de la sangre
A la deriva
la costumbre del amor
ese vértigo
en la eternidad de tus ojos
donde enmudecen mis palabras

Germán Rizo

Atráeme contigo

Que belleza te nace
que péndulo inocente
viaja en tu luz como una promesa

Tibio blancor que sube
a poblarme de alondras
y vértigos
de lluvias y frutos
de estaciones que maduran
mis silencios

Que audacia del signo
recorriéndome
Todas tus bocas
en esa cifra múltiple
de eternidades

Odalys Interián

Hoy anidan soles
en tus ojos
el fuego de la tarde
celebra en tu voz

Isla
extraviado en el reflejo
de tu danza
en el brillo de tu conquista
Trigo maduro
buscando la estación
de tu desborde

Germán Rizo

I

Porque se llena mi palabra
de esos cielos
De esos convites
donde el aire te mueve
y te confirma íntimo
con ese olor de todos los recuerdos
con esa música donde te encierras
y me encierras

II

Tan puro el aire en tu silencio
tan exacta yo
Hija de tus manos
floreciendo
Dándome a la ternura
a esa divinidad de las palabras
En esa simetría donde flota la lluvia
y nuestros cuerpos
En esa apacibilidad
donde me inventas
 y te invento

Odalys Interián

Llevo tu rostro
en cada palabra
Naciendo
en la sed de los pájaros
y la frescura del silencio

Es mi garganta
un racimo de lluvias
cuando te nombro
La soledad del otoño
quebranta mi última sombra
Esa mancha de sol
que ondula en mi equilibrio

Germán Rizo

Amarte es amar los pájaros
en cada borde del fuego
Ascender hasta incendiar las sílabas
y las noches
Es juntar palabras bajo un sesgo de luz
los sonidos que abren el sol
a las piedades
Es amar el dolor
en su cuerda de arpegios solemnes
lo rebelde del júbilo en su llaga
lo que viaja en su vaivén
de lluvias y tormentas
Fundiéndose a la sed del vértigo
y lo cotidiano
Amarte es leer el fuego en las heridas
Beber el símbolo oscuro de la tarde
en los silencios

Odalys Interián

Amarte es hilvanar
las formas del silencio
vaciar la demencia frente al fuego
Atarme a tus ojos
en el disfraz de la noche
Amar el desencuentro
entre mi sombra y tu enigma
Domar el gozo de tu lengua
los sembradíos de aliento
que atan el milagro
Robarme la fe
el ritmo en tu cintura
donde se desgranan las ausencias
Amarte es ofrendar mi sed
a los muros de la noche
perderme colmado en tu laberinto

Germán Rizo

Arden los cerezos
bajo el arco dormido
de tu boca
Arde una espesura de himnos
de noches que escriben su barbarie
Silente arde tu sombra
en esa rociadura perenne del sol
en ese plazo sangriento
que desflora mi cuerpo
Ardo en su reflejo y polen
en su sed y desamparo
Una inclemente
doblada sobre el fuego
y la rociadura de tus besos

Odalys Interián

En ese brote de gaviotas
atravieso
la pureza de tu sangre
Qué hermoso navío
cuando se desploma
en mis venas
Advierto una armonía
de soles
Sobreviene un cauce
una emboscada de estíos
para mi hambre

Germán Rizo

Estás llevándome
el mar se hace sombra
y todo el silencio
Y voy domada
eres como los álamos
el sol es un reflejo sobre ti
Y voy mariposa
golpeada en su huracán de bosques
a tu incendio de lluvias

Estás llevándome
entre la trizadura de dos soledades
hacia los fríos espacios del amor
hacia lo muerto del signo
y las palabras

Llevándome
estás llevándome
y me dejo

Odalys Interián

Te descubro
en el sonar de la aurora
perfumada de sombras
numerosa de estambres

Eres la sed resbalando
la espera
El fuego en tu boca
ciega el miedo
Llenas la plaza de rostros
que nacen en lo rebelde del viento
Paloma en los cristales
reflejando interminables lunas

Germán Rizo

Desarrópame
y déjame en el frío
encuéntrame helada
Desconocida allí
donde relucen las sílabas
los feroces conciertos de las luces

Y sigue viciándome
con esa estrella única
con esos juegos perfectos
que derraman el sol
Ahora que adolezco de sombra
y tormenta

Odalys Interián

Miedo de sentir el nudo
que transforma la noche
en su máscara

La lluvia teje
cadenas contra los muros
me despoja ese antifaz
este juego envejecido del amor

Miedo de sepultarme
en la blancura del silencio
y contemplar esa voz
doblegando el bramido
en las campanas
Miedo de ser yo
rastro rompiéndose
en la muerte

Germán Rizo

Atráeme contigo

Me asomo a esa luz
de abiertos cristales
a ese pasto inocente
donde fluyen tus ojos

El aire es todo tuyo
simulo el vuelo y la palabra
Voy acercándome
me cerca lo estremecido
y segado del amor en esas manos
Eres el mar
el nudo y movimiento del otoño
en su sal y reflejo
Y palpo las lluvias tremendas
que impulsan las cosechas
La espalda numerosa de sol
y pájaros

En tu voz el ruido de la vida
lo melancólico y sereno de la tarde
esa frescura de infinito
con que me nombras

Odalys Interián

Soy verso
muerte tatuada en este pacto
trazando en su seda
la terquedad
Gira su rostro sin descanso
sobre estos nervios
que decoran el rastro
y ahogan mi alabanza

Me ciernen los abismos
cavan mi delirio
Golpea esa piedra
que colma mi huerto
de penumbras
Mi rostro vencido
ansía tu cuerpo
para ocultar su desnudez

Germán Rizo

Hazme de sol
para que olvide
los sonidos de la luz
sus cóncavos cristales
en su frío y diálogo

Hazme lluvia
para quedar suspendida
en tu silencio
Rodar y diluviarte
Llegar a ese limbo
de tu cuerpo
y armonizarte las noches
en su círculo errante

Odalys Interián

Cantó mi sangre
se desgarró la oscuridad
Tendí entre las piedras
un sembradío de caracolas
ahí creció tu silueta
En las palabras me sostuvo
la audacia del beso
La bandera de sombra
imprecisa
que acarició el trueno
y me arrastró a tu lluvia

Germán Rizo

Atráeme contigo

En esa altura
donde teje tu boca
un holocausto íntimo
Donde me quedo
extraviada e infinita
desmigajando la luz
el trazo limpio del corazón
en su segunda noche

En ese encierro
donde gotea la vida su llama
lo sensual y callado del tiempo
lo luminoso y febril
donde me quedo
azotada y despierta
regando la semilla
del desvelo
en su trizadura y soledad

Odalys Interián

Lléname de luz
cerca este canto
arrastra lo solemne
la estación que se alza
Lléname de fábulas y aromas
ondula en mis escombros
un abanico de pájaros
que siembren
el desequilibrio de la noche

Ven deseada
redobla la fortuna de los nardos
y traza con tu voz
un desarreglo
otra herida
en la soledad del silencio

Germán Rizo

Voy armándote tibio
en la sombra
Añado mi boca y la sed
otro relámpago
Me añado al néctar
en su abismo
Voy armándote el vuelo
Añado mi cuerpo y un ritmo
donde se quema el sol
y las palabras
Armándote el silencio
y una libertad
una hondura pacífica
en su lluvia
otra memoria para el amor

Odalys Interián

Enciende la antorcha
tienta esta herida
en su cauce hirviente
Llama afilada
hostigando tinieblas

Arroja este remolino
al fuego que alumbra
los ojos de la noche

Salta simiente de huesos

Perversa
cincela este fuego de misterios
que crujen en tu lengua
Devora estos gritos
que cavan una alabanza de luces
en arenas de sal

Germán Rizo

Atráeme contigo

Ese mar que se queda
rebosante en ti
esa fuerza del signo despierto
en su gloria y noche
reteniéndome

Esa única lluvia
viciada
doblegándome las formas del amor
en su sigilo
lo bravío y silente

Ese volcán en su ritmo
reteniéndome
lo bendito que celebra
y despedaza

Odalys Interián

Encadenado escribo
bajo este temblor
que envuelve tu voz
Último coro
Bramido subiendo por las ramas
hilvanando lo eterno
entre los muros

Arpa oprimida y húmeda
hálito que trenza
un puñado de llamas
en esa resonancia de tus besos
Donde la noche erige
el umbral del amor

Germán Rizo

Soy el círculo
donde llega tu luz
y libas ese pájaro
de luces frías en mi boca
Soy el sitio
donde se quedan tus relámpagos
y esa serenidad
los vuelos pacíficos
del corazón y la memoria

Y te quedas en su mímica
y destello
en el ruido perverso de la soledad
cuando anochece

Odalys Interián

Un gesto de tus manos
en mi boca
Eres jugosa y justa
carmín circulando en fuga por mi piel
Gritan tus labios
en el parpadeo de la noche
detonando la codicia
que desemboca en las redes
del silencio
Pasión descubierta
que se atreve a llegar desnuda
vistiendo misterios
Tus labios asedian este árbol
donde posas la frescura
Bebes de mis poros
suspendida en un giro
multiplicas el deseo
y estos ojos
Pájaros en verano
huyendo de su sombra
Cantar de campanas tu voz
me lleva a esos racimos dormidos
de tu cuerpo

Germán Rizo

Hay tantas luciérnagas
tanta claridad en ti
que ya no importa el sol
ni la memoria
ni el trazo de la muerte
sobre el péndulo

Hay tanto duelo en ti
tanto diluvio
atravesando el fruto y la codicia

Hay tanta noche
despoblándose
Tanta lluvia en el temblor
y las palabras
Ya nada importará
más que tu sombra
y ese aire
que ordena los abismos

Odalys Interián

Hay tantas sombras
en la lluvia
pedazos de abismos
en las últimas palabras
Sombras que abren
otro cuerpo a la ausencia
Hay tanto polvo
evocando el otoño
una gota de silencio
inventa el ritmo
El enigma bendito
de tu cuerpo

Germán Rizo

Atráeme contigo

Tú en mi música
la destructora
en la misma arcilla
luminosa y febril
en el poder contagioso
que imponen las palabras
Deletreándome
en esa divagación tú
en lo frondoso
de un deseo muerto
Resistiendo
el polvo frío de esta lluvia
lo cerrado y virginal
de la tormenta

Odalys Interián

Ahora la luna desértica
gira en tus ojos
con sed de amar
araña mi fiel tormento
como un fósforo
desgarrado

Germán Rizo

Aquel remolino
de vísperas y ausencias
Aquel sol hundiéndose
en lo místico de tus ojos
Aquel estruendo
de la luz ardiendo

Odalys Interián

Quédate Amor

> *… hacia ninguna parte, hacia la palabra, hacia allí.*
> *Deja.*
> *Un nombre se te abre,*
> *otro:*
> *quédate.*
>
> P. Celan

> *Quédate, amor adolescente, quédate.*
> *Diez golondrinas saltan de tus dedos.*
>
> Gilberto Owen

Si te quedaras sobre esta duna
en lo vencido y despierto del sol
en mi fiebre y pasto
sujeto a esa libertad
En esa gloria para espigar veranos
en su abierta semilla cotidiana

Si te quedaras en lo doblegado
y silente
en mi barbarie y luto
Bebiendo mi veneno
la caída fatal
mi noche enferma
la doble lluvia de este abismo
Si te quedaras sujeto a mi tormenta
bajo su vidrio y noche
bajo el lodo espléndido
de emboscadas solemnes

Odalys Interián

Atráeme contigo

> *Debí decir te amo.*
> *Pero estaba el otoño haciendo señas,*
> *clavándome sus puertas en el alma.*
> —Juan Gelman

Y yo que amé
con tantas palabras
sordo en la corriente
extendía lo innombrable
de tus huellas

Cuanta perversidad
nombrar un pedazo del silencio
Y fue el dolor inútil
la eternidad del otoño
atada al deseo de la escarcha

Y fue tu amor enredadera
crucificando pájaros
en la oscuridad

Germán Rizo

Busco como un pájaro
arrasado en su luz
lo perenne del sol y la estación
esa noche que crece bajo tu signo
Olivo plantado
renueva las palabras
el buen verso que salte luminoso y total
a conciliarme
Y busco ese amparo
yo en mi simiente mortuoria
en el desapego múltiple de la vida
Busco el amparo
los serenos diluvios mecidos en tu voz
el rayo manso que cubre mi sed
la maroma sagrada del verso
en su crispadura reciente
Bajo el fuego
la estrella en su norte
un tiesto donde apoyar el corazón

Odalys Interián

Abre tus venas
La esbeltez de la muerte
fermenta en tu lengua
Llama y hebras
queman la espiga
doblegada
Tiende el arco
y canta en la resurrección
del sol
en sus raíces teñidas
de fortaleza

Y busca ese himno
que cruje en el sepulcro
del silencio

Germán Rizo

Buscándote
en ese rastro del tiempo
que fermenta las mañanas
en las sombras vacías de palabras
en ese hermetismo del silencio
y la cordura

Buscándote
así ciega
midiendo cada cosa
cada figura en el aire
cada reflejo del signo
y los otoños
Un sol a media asta
inconfundible
un brote
Buscándote en la música
latido
en el ruido del agua
y la esperanza

Odalys Interián

Buscándote
en la procesión del silencio
y la sombra indecisa
en ese velo segado
de mareas

Buscándote
en el ciego despunte del otoño
y su rastro vencido
En la hoja pálida
de la verdad perversa
y lo nutrido

Buscándote en la congestión
de la garganta
en el tallo tormentoso
del vértigo

Buscándote en el vaho del viento
en la fatiga de la lluvia
y su vigía húmeda
en ese signo erguido
del alfabeto

Germán Rizo

Esa manera de verter la luz
de romper los sonidos
La sombra en su música
Esa manera de traer
el temblor y las palabras
de juntarme al amor
de ir desvistiéndome
en esa serenidad
qué cielo

Odalys Interián

Llega la noche
la estatua tormentosa
vaciando la lluvia
Aquí queda tu nombre
y su desnudez
el desorden de la soledad
en lo siniestro de las palabras
La nostalgias de los puentes
mecen lo armónico del corazón
Aquí descubro tu rostro
laberinto en lo ancho de la luz
salvándome

Germán Rizo

Atráeme contigo

Quiero encontrarte
pero las luces
me encierran en su pasto
en su frío color de despedidas
Quiero y me enmudece
el peso vibrante del silencio
y la hojarasca
Las huellas vencidas
de los amaneceres
Lo innombrable en su semilla
de duelos feroces

Quiero nombrarte
y me enmudece el color
Todo el color y el horizonte
el peso tremendo de las lluvias
en su cuerda de eternidades

Odalys Interián

En lo dócil de la soledad
busco lo tibio del eco
deshojo su laberinto
en el frescor de la tarde
Y me ofrezco a la penumbra
para quedar en la semilla
que doma la luz
Siembro en su música
lo que crece en mis venas
ese vaivén del polvo
y su osadía
llamas meciendo
el yugo de la eternidad

Germán Rizo

Atráeme contigo

Estás en lo amargo
maligno en la palabra
en ese escozor de la luz
y su letargo
En el duelo
en esa imprecisión
de la retórica
Sumando ese ramaje
a la llovizna
Tarde en la tarde
ese trino y desborde
se empobrece en ti
Se descalza el corazón
sobre tu hora

Odalys Interián

> *Yo adoro todas las cosas*
> *Y mi corazón es un albergue abierto*
> *toda la noche.*
> — Fernando Pessoa

Mi corazón
es un manojo de puertas
La sombra de una lámpara
a orillas de la flor
Tierra extraviada
luz desobediente
en el asombro de la lluvia

Mi corazón ventana
sin cristales
Médula frágil
habitando su enigma
Erige lo agónico de la fe
en el nuevo verdor
de los silencios

Germán Rizo

Sométeme
quiero quedarme en el temblor
Ser la palabra y lo domado
en el silencio tuyo
Ser lo pasivo en tus plegarias

Acordóname
a esa libertad de tus visiones
Escríbeme en el frío
de los pájaros
que caen en el atardecer
Quiero quedarme
Muéstrame en la sílaba
hazme un verbo
y una desnudez
Quiero ser lo dócil
lo que estrenas
en todas las miradas

Odalys Interián

Afuera lo fugaz y doliente
lo que me lleva sediento
a las palabras
Ámbar en su enigma y naufragio
goteando las mismas agonías

Cortejo y cólera
soplan sobre mi fiebre
Hervor doblegándome en su batalla
cadenas en lo ancho de mi barca
Me agarro de ti
de tu impulso
afilándome el eco
Eres lo que consuela
navío que enciende
el ardor de mi cuerpo

Germán Rizo

Las tórtolas cayendo
las audaces semillas
en su ritmo de lluvias devorantes
En el goteo salvaje
y terrible del silencio
Yo quebrándome
lamiendo la distancia del latido
la efervescencia del amor
en su tajo y miseria
lo despoblado y frío
en sus escombros

Yo perdiéndote
aciclonado en el néctar
vagabundo de la niebla
En lo desteñido e infernal
de las palabras

Odalys Interián

En tu hoguera
arrojo los estallidos
que tiende ese amargo soplo
El mar en la carne
corona el canto
que tienta mi dolor
Refugio que inunda
la condena del corazón
Adormezco la fragilidad de tus ríos
sorbo que brota
en ese parpadeo de lluvias

Un zumbido trayendo el diálogo
la geometría
un cortejo de soles amorosos

Germán Rizo

Gaviota
bajo los blancos cipreses
demorada en el frío
y los silencios
Viciando los espacios
Dividida en la violenta luz
desde donde vigilo
esa lluvia que enciende
los relámpagos
Esas esferas del sol
ennegrecidas

Y vigilo el amor
otro lluvioso verano
el animal íntimo
agazapado en la sed
Los rojos guijarros del vértigo
cayendo en el atardecer
Gaviota sobrevolando el sol
el alto tallo de arcilla luminosa
sobre las hebras húmedas del corazón

Odalys Interián

Mi rostro es un espejo
ensangrentada sombra
desafiante
en su jungla de arterias
Agota las espigas
un abismo de símbolos

Busco el pan
en la procesión de tu piel
el secreto de tu vientre
en la audacia de la lluvia

Tan hondo mi dolor
atraviesa esa túnica
donde secas el llanto
y fecundas retazos de luto

Busco ese laberinto
en tu devoción
el ruego que emigra
al borde del placer

Inquebrantable
riegas mi rostro
astillado de sombras

Germán Rizo

Atráeme contigo

Lo que siembro en ti
me lo devuelves
las rojas luces
los muérdago filosos
que detienen el sol
y las palabras

Y me devuelves
el corazón en su círculo
y catástrofe
Un torbellino de sílabas enfermas
de pájaro en su lluvia

Eres lo bendito del silencio
y me devuelves
Un tintineo de voces y lámparas
esa frescura
de semilla abierta en el deseo

Odalys Interián

Me arrojo al pánico amoroso
de tu boca
Mi grito es la palabra cayendo
sobre tu atardecido beso

Celebro tu cuerpo (pureza)

Hay cisnes en tus manos
y una lámpara
traza dos vértigos consumados

La noche azota mi canto
y es mi garganta una torre
donde legiones de fuego
abrazan el faro de Dios

Germán Rizo

Atráeme contigo

Llena de ternura cada trazo
ronda toda intemperie
Vuelve mansa la luz
esa serpiente que he visto danzar
en tus silencios

Toca esa mansedumbre
de mis horas
Mis voces apagadas en la lluvia
en el blancor quemante del violín
Rompe el incendio
y bébeme
Ahora que soy un mar
y una lejanía

Odalys Interián

Vuelve a reencarnar
la eterna punzada
que golpea lo sagrado
ese tormento devorando
gestos que sacuden la flor
Arrogante en el pánico
intento cruzar la mano
que aflora en los surcos
de la oscuridad

Vuelven las brasas del sol
a coronar estos ojos
La antorcha áspera y
su vaho
la fragancia extensa
en el regazo
codiciando mis huesos

Germán Rizo

Pantera
llego a ese mármol tatuado
del silencio
Solidaria
no busco presa
es finito el sentido de la luz
y la metralla
Puedo sentir el sol en su barbarie casta
y puedo doblegar
ese infinito de memorias
Tantear y tantear
esa divinidad y señuelo del amor
Y puedo pantera derramarme
en esa libertad que contamina
con su trazo infernal y destejido
toda la muerte

Odalys Interián

Resonancias
largas sombras
donde la pureza de tu nombre
formó aquellos navíos del lamento
Mis amaneceres sostuvieron
las cenizas y el polvo

Me aprieta tu ausencia
hierves luminosa
recostada a mi temor

Ahora soy camino
mi palidez traspasa
el volumen de recuerdos
Los años irrevocables
en la penumbra de tu sangre
la misma sustancia
en la antesala del relámpago

Germán Rizo

Respírame amor
ese sándalo frío
que guardan mis silencios
el solidario trueno
en su pulpa de amaneceres
el grito
lo meloso que rompe los abismos
Respírame las voces y el mar
lo arenoso encerrado
en su llama de naufragios

Respírame fresa y viento
la cifra en su oculto laberinto
ese diluvio crecido en las palabras
Respírame noche en su inmovilidad
en su polen maduro
una melancolía
Respírame la soledad en su limbo
de ásperos conciertos
el otoño numeroso y lamido
del corazón
en su néctar de ausencias

Odalys Interián

Cúbreme hasta que los signos
broten de tus huesos
que en tus ojos encuentre
un jardín al amanecer

Que el relámpago apunte
abriéndose a lo fértil del viento
y Dios taladre con su mazo la fe

Lléname de soles
bórdame de silencios la piel
Que las llamas cieguen la noche
y los pájaros dispersen mis cenizas

Germán Rizo

Me callaré lo bueno
seguiré en esa ronda
sobre el soplo
en ese juego
donde el silencio
toca las heridas
Sabré lamerme las palabras
todo el miedo
esa sombra y vorágine
del corazón
en su nudo y relámpago

Odalys Interián

Tócame
fulgura y desangra este pánico
estos nudos que resbalan
en lo oscuro de mi sangre

Aférrate a la intriga
filo estancado en su lluvia
Coagula el canto
que alimenta la sombra

Los rayos que sustentan
el vigor cortante
de mi cuerpo vencido

Germán Rizo

Atráeme contigo

Desteje esta sombra
en su espejismo
Este salitre del sol
macerando mi sed
Purifica la palabra
en su címbalo y estorbo
Hazte una voz y un consuelo
un lenguaje en su maroma
y viento
Ciega las antorchas
danzantes de la luz
La desnuda tiniebla de mi boca
en su absurdo linaje de tristeza

Odalys Interián

Resiste
que la luz esconde el fuego
de aquellos relámpagos
Adelgaza el soplo la marea
despedaza
ese vapor dejado
en su despojo y juego

Acude voraz demencia
a la cumbre de esos nidos
que tejen el prodigio
de la lámpara
izando la tentación
en la fisura de estos pájaros
La rama en el vaivén
de las tinieblas busca
un residuo de hebras

La noche es una tumba

Germán Rizo

Lo que amas de mí
es la poesía
el signo abierto y estridente
el desamparo
esa franja que roza la belleza
del silencio
Y amas lo que tienta del verso
el imposible
la música en su trazo de visiones
repitiéndose

Y amas lo ausente y desolado
un reino
en su péndulo de asombro
y desmemoria

Odalys Interián

Desorden
desgranando cristales
en mi cabeza
Esta luz hirviendo
en la llovizna

Enrédame
en la sombra de tu boca
en la serenidad del polvo
Alarga la noche
lo bravío del viento
y llévame al amparo
a ese quejido abierto
fruto de tu desnudez

Germán Rizo

Silente como el acero del sol
así te quiero
quemando mi linaje
mimoso y mío
bajo la ofrenda de la luz
Desarmándome la sombra
poseyendo mi espanto
Así bajo mi páramo
señuelo
Hurgándome en lo simple
la palabra
en su temor y libertades

Odalys Interián

Me sostiene el aire
partícula revoltosa
en su ráfaga voy
alimentando
las cuerdas de la guitarra

A media voz el lenguaje
sembrándose en las hojas
que incendian la soledad
Mientras la noche me desviste
el silencio teje su altar

En su velo de sangre
el peso de la luna
sella el fuego que bebemos

Germán Rizo

Desflorándose la luz
en todos los abismos
Ese pasto necesario
donde arde mi sangre
Y voy perdiéndote
y vas borrando
el cerco único del corazón
en su emboscada
Me quedo en el temblor
en esa lejanía
Y voy helada
me llevan los silencios
esa fraternidad de las piedades

Desflorándose la juventud invernal
de una palabra
lo que deja el amor en las cenizas
Y vas en ese rojo incienso de la noche
viciado y corrompido
en esa lentitud de los regresos

Odalys Interián

En el filo de tus ojos
fluye mi carne marchita
y sigo hasta explorar
el lecho de mis nervios
Por mi sangre corren
las mareas funerarias del tiempo
Sostiene mi sombra
la inmensidad crujiente de dolores

Mis días se abren
como una herida nueva
que asalta
el soplo agitado del corazón

Un rostro me aguarda
entre los resplandores del arco iris

Germán Rizo

Y si no vuelvo
si no traspaso esa muralla
si sigo perdida
devorada en los silencios
en esa lluvia ostentosa
donde se pierde la luz
Qué será de las palabras
de sus ecos abiertos
de ti
de esos soles cayendo
en su pasto y neblina

Y si no vuelvo
qué nido
qué estremecimiento del vacío
enlodará tu insomnio
qué mano bordeará el verano
qué noche
qué sílaba te salvará

Odalys Interián

El silencio
la llovizna enfermiza
en su soberbia
desnuda lo indomable
Rompe el cántaro
los restos que transcienden
otra sombra

Mujer
en la trampa del miedo
cuelgan todos tus rostros

Germán Rizo

Estás doliéndome
y te quedas
en esa estridencia de los verbos
que estallan
en lo sinuoso del verso
sonámbulo
Eres lo que tensa el corazón
con esa llama de silencio
Eres lo que nace
lo que ronda desmedido
sobre la luz y el vértigo

Odalys Interián

La noche habla
del miedo que espera boca arriba
en los ojos de diciembre
Este huésped que nunca tiene frío
oscuro canto que hunde el poema
en tu cuerpo
Que desploma la luz herida
de esos faros
que rígidos cierran el amanecer

Veo caminar este silencio
desmedido en la densidad
de las sílabas

Vuelo sin alas en el círculo
tempestuoso de la luna
Quieto escucho el llamado
que anida en tus venas

Germán Rizo

Corta la sílaba en su candor
el néctar en su hondura
empújame a tu sed
Consígueme
Hazme un refugio
balancea la estrella en su último duelo
Acomoda mis ojos en la llama
Lo saciado será el corazón
en su esfera silente
Alucíname
agita esa montaña de mis miedos
Corta el pan y rueda las migajas
Llévate el hambre
La euforia que traen los sonidos
cuando enciende la noche
esa visión de soledad

Odalys Interián

Atráeme contigo

Te ocultas en la noche
entre el sudor de la lluvia
y el aroma de mi pueblo
Lenguas placidas
enredadas en el mar de la noche
en la caricia de un niño

Ciega luz
tu beso en el verdor de los pinos
devora mis párpados
Creces la esperanza
bruma ardiente
lejana tristeza divina

Ráfagas de arcángeles
oscurecen mi sangre
brota del dolor
un amargo destello
Las raíces huyen hacia a ti
eterna anidas en mi mano
restos de un mar
que invoca una oración

Germán Rizo

La noche y tú
bebiéndome sorbo a sorbo
las fábulas
el intocable amor
Derramada en el néctar
en su amarga campana de visiones
Sobre lo inmóvil yo
acordonada
cayendo en esa lenta gravedad
de las palabras

Lo devorado yo
lo desbordado del silencio
fluyendo hacia la muerte

Odalys Interián

Hay misterio en tus ojos
descansas en las ruinas del invierno
Alargas un trazo
el tiempo
donde la tristeza del mar
se desvanece
en la blasfemia de la ola

El verso se desliza
en la voz de la agonía

Asomada a la inocencia
emerges piadosa
en lo azul del rezo
Rostro que espera
el milagro de mi mano

Germán Rizo

Ahora es el miedo
ese sigilo atropellante
en que la noche te piensa
Ahora se dispersa la luz
toda luz en su semilla
los rótulos serenos del silencio
Todo está en ti
ahora arde el corazón en su himno
en su zarzal de amapolas y llantos
Ahora es el tiempo de arder

Odalys Interián

Estoy en el espejo
y cada rincón envuelve
la tardía red
esa brecha de mareas
en su vaivén sonoro
Voy en tu nudo de trazos
hilando otras silabas
Ciego en el zumbido de ecos
adelgazando la ruta de los pájaros

Germán Rizo

Crezco en la serenidad
prodigioso
en tu remanso
Eres refugio en mi sed
corriente de enigmas
cubriendo mis huellas
Cauce misterio
Voy en lo denso del trigal
bajo ese vaivén domado de luces
En ti encuentro la noche
ese diálogo
néctar de nuestro amor

Germán Rizo

Me basta ese limbo
de soledad que eres
Solo yo llenándote la luz
los anchos espacios

Yo hilándote el aire
y las palabras
las luces benditas del amanecer
Cosiéndome a tus sombras
a esa impiedad que es la oscuridad

Yo el eco y la nostalgia
poblándote el deseo
y la pregunta

Odalys Interián

Me haré un milagro
con las llamas de tus venas
Arrojaré mi grito
colmado de fuego hacia ti

Divina ciega este llanto
y remueve los muros
que gimen en tu gloria
Impulsa mi sangre
en la penumbra anónima

El mundo nace
en tu jardín de llantos

Germán Rizo

Anularé el silencio
y las heridas
Lo intocable será mi boca
lo náufrago el amor
en ese trazo sereno
de los fuegos silentes

Pondré esa corona en tu luz
el trueno que rompe las mañanas
esas que vibran sin ti
Romperé las amarras
fuerte será ese arrullo
desnudo de promesas

Lo impalpable será mi cuerpo
lo desatado y libre
en su holocausto

Odalys Interián

Hay un rostro cayendo
cada gesto
es una señal
una procesión de sombras
un cortejo hacia el eco
un golpe
ensangrentando la ausencia

Hay un rostro habitándome
pregona revestido de tormenta
y los pájaros florecen
en su prisión

Germán Rizo

Sé lluvia en mi noche
traspasa
esa armadura de crisantemos
Trae el cuerpo y el amor
Soy lo frágil
lo que tintinea en su raza
de soledad y barbarie
Trae más luz
lo inmenso del sol
a esa ronda de latidos
Las altas fiebres
donde florece el corazón

Trae tu boca y otras libertades
otra borrasca
para enlodar los miedos

Odalys Interián

Brota en ti la primavera
el canto del violín
amanece en tu boca
Los pájaros tiemblan
en el umbral del amor
a lo lejos
las arpas juegan
con el eco de la lluvia
Tú desnuda
asomándote al ruego
al límite de mi sed

Germán Rizo

Otra tormenta me cubre
otro amasijo de volcanes
y sílabas
despoblándome el aire
lo enrarecido del silencio
en su linaje cruel
Otra simulación
otra boca
pone su acento en mí
su acoso inclemente
Y sigo intocable

Odalys Interián

Sobre las doce cruces
ingobernable yo
zurciéndote el disfraz
la mansa tarde
Y no me toca el fuego
la cáscara abierta
de esas luces que naufragan

Y no me toca el rezo
y no me toca
la doble llama del tintero
el címbalo estruendoso del verdugo
con que el silencio nombra lo insaciable

Sobre el santuario yo
helada ofrenda
Sobre el telar inmenso
de tus manos

Y no me toca el amor
y no me toca

Odalys Interián

Atráeme contigo

Quédate
sombra perversa
en el pánico de los pájaros
Espesura piadosa
labrando lamentos
en las aguas
un aleteo sagrado

Quédate
fragmento de fuego
Arremolinas
la sangre vertida
en el manantial de mis venas
impulsando la gota
que clama en los jirones

Quédate
hambre que siega
el cansancio de los astros
Llena mis ojos
polvo que dicta lo que escribo
filo que remueve
cicatrices

Germán Rizo

Te dejo mis palabras
esa sed aventada
que hería al nombrar
Otra muerte para ahondar
los desvelos
Te dejo el corazón
en su amalgama de lluvias
y soles
en su corriente de dudas
y duelos
Esos versos de nadie y de todos
la tristeza en su salitre devorante
de nostalgias

Te dejo mis silencios
y lo que no escribí

Odalys Interián

Teje lo divino del silencio
y tiéndete en su reflejo pálido
sombra mía
estoy a orillas de tu desnudez
sonámbulo
en el ritmo impetuoso
de tus caderas
reteniendo la sed
en su costura y vicio
mariposa
en la tempestad del amor

Germán Rizo

Me regreso no soy la ausencia
Hay legiones en mí
reinos   un poderío
Nadie puede extirpar
esta pasión
Junto las rosas
a esa perpetuidad del signo
y te lo ofrezco
Todo se queda en ti
mis diluvios
lo árido de la luz
esa vertebra de insomnio
y poesía

Odalys Interián

Eras lo frágil
yo traspasaba cada linde
domaba los silencios
esas esferas rebeldes de la luz

Te dejas llevar como las sombras
en ese veneno de las lunas
en esos desmayos
numerosos del corazón

Eras lo débil
y yo era el mar
en su otoño estridente
en su noche mayor
sujetando el hilo
y la catástrofe

Odalys Interián

En el cadáver de la noche
me miro oscuro de cicatrices
esta carne tallada
finge silencios incurables
El dolor me viste
teje angustias
crucifica la noche
en que te evoco
amordazado
La sangre amotinada
roza lo escondido
Lápida divina
acto siniestro
consagras
esta jaula enferma
podrida de palabras

Germán Rizo

Estoy del otro lado de la sombra
espiando la muerte
El polvo en mi sílaba
ese mazo de luciérnagas
en sus lluvias

Y caigo sobre la espina
en ese desdoble mañoso de la luz
y las palabras
Y soy lo despoblado
otra mímica
en los muchos sonidos de la lucidez

Del otro lado
un sol pululando en su abismo
Y soy su muérdago
otra distancia
donde columpia Dios
su vértigo

Odalys Interián

Tanta ceniza
astilla el silencio
La lluvia carcome
estos huesos
hasta rozar la sed abierta
en el pozo de los símbolos

En la semejanza
del verbo
se arrastran mares
La noche demacrada
embelleciendo tus manos
Amontonándose
bajo la luz amarga

Germán Rizo

Amo la profundidad
de tus manos en mí
El corazón que abre
su ramo de luces tiernas
Esa manera de entregar
tu libertad
el veneno del amor
en su ropaje y semilla

Y amo esa cosecha
que acrecienta la noche
esos tulipanes en tus dedos
derramados
El dulce pistilo que avienta
el corazón como una llama

Y amo el incendio
esa marea de vértigos que arrasa
Tu labio trenzándome
un cielo viciado en su naufragio
la cimiente del eco
amparándome toda la oscuridad

Odalys Interián

Bebo de tu ira
ese rayo amargo
que desnuda las hojas
y devora un mar
Se apresura la noche
caen nuestros cuerpos
en agudas sombras

Germán Rizo

El silencio es nuestro
y todas las cenizas
de esas lluvias
todo lo que gotea
con su raza invencibles
de soledades muertas

Odalys Interián

De mi tarde
la espléndida tierra brotando
en la confesión de las aves
Yo entre el ritual de las espigas
y el manantial de tus senos
Triste polvo
levanto en mi mano
la turbia huella que devora

Germán Rizo

De tu boca
ese pequeño mar irresistible
aroma de luces
que recoge el aliento
De tus besos el duro mármol
que me rinde
azogue infinito de noches
de juegos
de trópicos que arden
en una sola llama

Odalys Interián

Atráeme contigo

Nada soy en ti
una nada en su perpetuo
ritmo de silencios
Y cruzo solidaria las mareas
lo interminable en su noche
Un abierto territorio de sílabas
que sangran
Y cruzo las sombras
naciendo en lo íntimo del temblor
Un trueno
un trazo ileso de memorias
Nada soy
y puedo mostrarme en tu palabra
en sus muérdagos fríos
entrañable y fraterna
en esa altura que destroza la penumbra
en esa llaga que empieza a lamerte
el corazón

Odalys Interián

Otra noche
y vuelve a habitarme
la condena
este desorden que tienta
Signos que ondulan
esa leyenda de arpas
en el temblor de tu boca
La tormenta en lo inmenso
corona los páramos

A veces huyo
hacia otras palabras
a otro cuerpo
Donde la música enrede
la locura
el círculo que cerca
mis latidos
Injuria que rueda
en lo devastado del mar

Cerca de tu lengua
un sol insaciable
cociéndome los ojos

Germán Rizo

Hija de tus ruegos
la noche desvistiéndome
Bebía de su enjambre
el peligro
Y eras lo próximo
dátil poblando mis lluvias
un tintineo frondoso
vaciando de límites el corazón

Y eras una palabra
en su aire feliz
lo hermanado
en su ofrenda de luces
devorando visiones
lo enfermo de la soledad

Odalys Interián

Vuelvo a empuñar
las espinas de tu boca
Mi fiebre clama
torcida en las cuerdas
de un violín
Los arbustos del verano
se confunden con tu cuello

Cegadora ola
diluvio que me consume
la semilla de la muerte

Vuelvo a tus raíces
al cristal de tu piel
que me tienta
hacia aquella negrura
de tus ojos
hacia el grito tentador
que me arranca del hambre

Germán Rizo

Sigue la oscuridad
aplastando el cerezo
Bajo su lluvia yo
en esa inconsciencia
desgranándome

He separado mi palabra
trigo en su lluvia
un almenaje
un retoño de luces
en los rotos amarres del silencio

He bebido un sol
en su bendito espasmo
la cifra conciliada en su luto
el delirante amor
en su ridículo tiempo
de exorcismos

Odalys Interián

En lo húmedo de las palabras
vamos abriendo
lo difícil del amor
Seguimos esa sombra
que teje cauces
en la triste corriente
Y nos quedamos
en su laberinto sensual
en el aroma de la vela
vistiendo emociones
Se escapa el néctar
de las sílabas
y vamos ignorando
las trampas del corazón
los fallidos dardos
que surcan la sangre

Germán Rizo

Llevándome
al despertar del otoño
a esa eternidad de besos
en el aroma del viento
En tu huerto se mecen soles
surcos maduros ondean
en tus senos
minando lo misterioso
y las lejanías

Tus manos escriben en la yerba
el murmullo de mis versos
Estas sujetando las ausencias
perpetua raíz que besa el vacío
Navego a tu emboscada
al placer que acecha mis latidos

Seremos esa voz
quebrando soledades

Germán Rizo

Tu voz desenterrándome
ese temblor de lluvias inquietas
ese sonido tibio y luminoso
de tu cuerpo
Y vas abriendo los páramos
el regazo inmenso de la luz
acunando el sol en lo masivo
de tantas tempestades

Y vas recogiendo
lo frondoso del amor
en su círculo y lluvia
llevándote lo anochecido
del letargo
lo febril del silencio
en su abulia y miseria
Llevándote mi oscuridad
recogiendo las palabras
lo amargo del límite
en su semilla muerta

Odalys Interián

Largamente el amor
juntándome a su huella
A dónde iré
si soy lo devorado
una como la noche
en su duelo pasivo
en esa visión de enfermedad
Royendo
los viejos rincones del corazón
lo despoblado y triste
del silencio

Odalys Interián

Apégate a las llamas
y florece en la compasión
de mi atardecer
Cruza lo dócil del otoño
que te daré luz
en tu desamparo
Bastará ese lazo de arpas
meciendo la rueda
en lo ancho de tus ojos
ese temblor de palomas
repentinas
surcando tu sombra

Germán Rizo

El amor era el signo
lo silvestre y podado
en su cáliz de amargura
Y era el sol en su vértebra fría
escribiendo en tu piel
Me acostumbre a decir
lo feliz y renegado
a insistirme
a secar el fuego
en esos tonos audaces de las lluvias
Yo era lo manso
en el silbido desnudo de la luz
en su goteo

Odalys Interián

Recorro
ese péndulo de espigas
la promesa errante
de tu desnudez
un diluvio en el vaivén
de las sombras
Un trazo de palabras
en el reproche del silencio
Y es tu corazón un navío
donde crecen las llamas del amor

Germán Rizo

Amas mi sol y mi llovizna
el ruido de todas mis palabras
la amargura que soy
el desespero
Lo que cubre la sombra
en su triste rutina
Un homenaje cincelando la luz
lo borrado del néctar
Y amas el silencio que es otra oscuridad
la fría y tatuada embestida de mi noche
el caos que liba mi ignorancia

Y amas lo rebelde
esa llama que soy
tatuando la ventisca
el aire en su cilicio
enmudeciendo el llanto
Y amas el bien y mi sabiduría
lo templado en su cuerda
de bienaventuranzas
la letra rondando ese único abismo
a dónde va el amor

Odalys Interián

Estoy en ti
desde esta orilla
adivinándote cada rostro
Y me crece la noche
destierro la luna
desnudo en ti las palabras
los matices del cauce
Tortura entibiando mi sed
bebo en ti la oscuridad
y su vértigo
Mueca cautiva
goteando el aroma de tus ojos

Germán Rizo

Tú lees el infinito
y lo invisible
la roja estela de mi huella
y lees la amargura
el rastro hilado de mi sombra
Por ti invento el silencio
y lees como nadie el cansancio
el terrible cansancio
que hay en las palabras
Y sigues como nadie
impulsando los duelos malditos
que incineran en su pasto
el corazón

Odalys Interián

**Germán Rizo** Poeta y narrador Mexicano residente en los Estados Unidos. Escribe sus primeros poemas a la edad de diez años, en los cuales dibuja paisajes de su tierra y escenarios amatorios, influido por los poetas del romanticismo. Estudio administración de empresas. Ha publicado: Cantos del alma y la vida (2014), Bajo la sombra del corazón (2016) y participó en la antología: Equilibrios contrarios, tributo a Federico García Lorca (2015).

Reside en portland Oregón, donde participa activamente en eventos culturales y recitales de poesía. Varios de sus textos se han leído en las emisoras de radio y televisión de su ciudad de residencia. Ha colaborado con algunas revistas literarias internacionales como: Metaforología y Nigara Actualmente es miembro de la Asociación de Poetas y Escritores Hispanos capítulo AIPEH- Miami.

**Odalys Interián** (La Habana 1968) Poeta, narradora y crítica. Editora de Espiral Publishing y de AIPEH Miami (Asociación Internacional de Poetas y Escritores Hispanos). Columnista en la revista poetasyescritoresmiami.com, en la sección: Universo poético. Instructora del Taller de Creación Poética del Centro de Instrucción para la Literatura y el Arte. Tiene varios libros publicados, Respiro Invariable (Extramuros, 2008), Espacio Mínimo (Extramuros 2009) y Nacieron en La Habana (Sur Editores, Ecuador 2009). Ese mar que me vence (Snow fountain 2014). Textos suyos aparecen en la antología Equilibrios contrarios (Snow Fountain, 2015). Impartió en Cuba varios talleres de creación para niños y jóvenes. Su obra le ha hecho merecedora de premios nacionales e internacionales: Concurso Juan Francisco Manzano (2004 y 2008) y Mención Especial en 2006. Ganadora del Alfredo Torroella (2005) y el Concurso de Poesía Camello Rojo (2005). Soy el Amor, soy el Verso (2004) y (2009). También del concurso La Nota Latina, en la categoría cuento (2013). Premio en el prestigioso Concurso Internacional de poesía Facundo Cabral (2013). Segundo premio en el concurso de cuento La nota Latina (2016). Poemas suyos aparecen publicados en la revista Metaforología. Además tiene dos cuentos publicados en

la Antología: *Todos contamos (Snow Fountain, 2016)*, y otros cuentos y ensayos en la revista Nagari. Recientemente publicó el libro Salmo y Blues (Espiral Publishing, 2017).

www.ingramcontent.com/pod-product-compliance
Lightning Source LLC
Chambersburg PA
CBHW031145160426
43193CB00008B/258